3500

words

in Portuguese

CB036456

DISAL
EDITORA

© 2009 Thierry Belhassen

Capa e projeto gráfico
Paula Astiz

Editoração eletrônica
Laura Lotufo / Paula Astiz Design

Ilustrações
Lydia Megumi

Dados Internacionais de Catalogação na Publicação (CIP)
(Câmara Brasileira do Livro, SP, Brasil)

Belhassen, Thierry
  3500 words in portuguese / Thierry Belhassen ; [ilustra-
ções Lydia Megumi]. – Barueri, SP : DISAL, 2009.

  ISBN 978-85-7844-037-4

  1. Inglês – Vocabulários e manuais de conversação
– Português 2. Português – Vocabulários e manuais de
conversação – Inglês I. Megumi, Lydia. II. Título.

09-10147   CDD-428.2469-469.8242

Índices para catálogo sistemático:
  1. Guia de conversação inglês-português : Linguística 428.2469
  2. Guia de conversação português-inglês : Linguística 469.8242

Todos os direitos reservados em nome de:
Bantim, Canato e Guazzelli Editora Ltda.
Al. Mamoré, 911, sala 107, Alphaville
06454-040, Barueri, SP
Tel./Fax: (11) 4195–2811

Visite nosso site: www.disaleditora.com.br
Vendas:
Televendas: (11) 3226–3111
Fax gratuito: 0800 7707 105/106
E-mail para pedidos: comercialdisal@disal.com.br

SUMMARY
SUMÁRIO

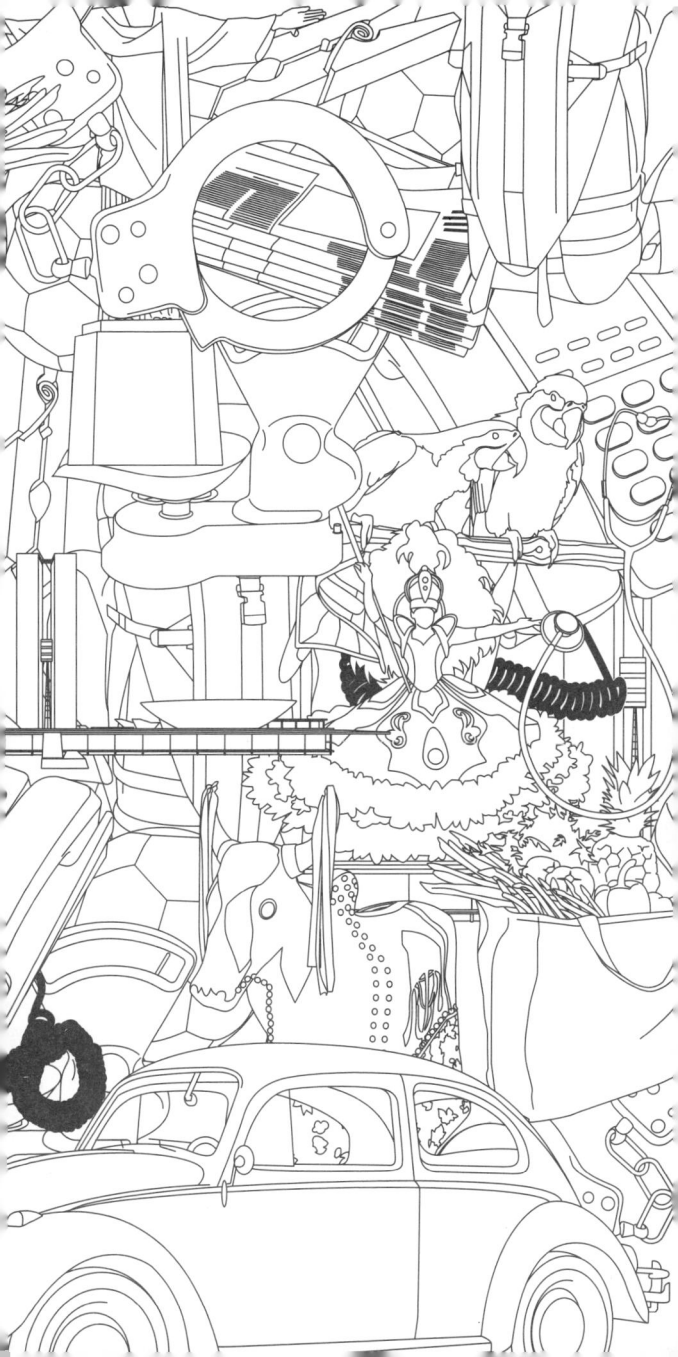

TRAVELLING
VIAJANDO

By plane   *De avião*

a travel agency   *uma agência de viagem*
a trip   *uma viagem*
the airline   *a companhia aérea*
a ticket   *um bilhete*
a single ticket   *um bilhete de ida*
a return ticket   *um bilhete de ida e volta*
a passport   *um passaporte*
a visa   *um visto*
the exchange rate   *a taxa de cambio*
money   *dinheiro*
holidays (UK), vacation (US)   *férias*
the traveler   *o viajante*
the tourist   *o turista*
a foreigner   *um estrangeiro*
a stranger   *um estranho*
a country   *um país*
the airport   *o aeroporto*
the luggage   *a bagagem*
the suitcase   *a mala*
a bag   *uma sacola*
a handbag, a purse   *uma bolsa*
the wallet *a carteira*
the luggage cart   *o carrinho de bagagem*
the porter   *o carregador*
the announcement   *o aviso*
customs   *alfândega*
the customs' officer   *o funcionário da*
   alfândega

the duty *a taxa*
a bottle *uma garrafa*
cigarettes *cigarros*
cigars *charutos*
tobacco *tabaco*
a perfume *um perfume*
the jewelry shop *a joalheria*
the binoculars *os binóculos*
the eye glasses *os óculos*
a camera *uma máquina fotográfica*
a tape-recorder *um gravador*
a video-recorder *um vídeo*
a computer *um computador*
a form *um formulário*
the helicopter *o helicóptero*
the glider *o planador*
the jet plane *o avião a jato*
the take-off *a decolagem*
the runway *a pista*
the crew *a tripulação*
the stewardess *a aeromoça*
the pilot *o piloto*
the passenger *o passageiro*
the plane *o avião*
the flight *o vôo*
the cabin *a cabina*
the class *a classe*
the seat *o lugar*
the seat belt *o cinto de segurança*
the oxygen mask *a máscara de oxigênio*
air-sickness *o enjôo*
the tray *a bandeja*
the window *a janela*

the wing *a asa*
the landing *a aterrissagem*
the departure *a partida*
the arrival *a chegada*
the taxi *o táxi*
the car *o carro*
the bus *o ônibus*
the train *o trem*
the fare *a tarifa*
the tip *a gorjeta*
the hotel *o hotel*
the reservation *a reserva*
the room *o quarto*
the elevator (US), lift (UK) *o elevador*
the key *a chave*
the room number *o número do quarto*
the bathroom *o banheiro*
a guide *um guia*
the sun *o sol*
the rain *a chuva*
the umbrella *o guarda-chuva*
the snow *a neve*

* * *

wet *molhado*
dry *seco*
expensive *caro*
cheap *barato*
warm *quente*
hot *muito quente*
cold *frio*
frozen *gelado*
rainy *chuvoso*
windy *ventoso*

sunny	*ensolarado*
close	*perto*
far	*longe*
heavy	*pesado*
light	*leve*
touristic	*turístico*
fast	*rápido*
slow	*devagar*

* * *

to travel	*viajar*
to take the plane	*tomar o avião*
to fly	*voar*
to take holidays (UK), to take a vacation (US)	*tirar férias*
to book	*reservar*
to confirm	*confirmar*
to cancel	*cancelar*
to send	*despachar, enviar*
to fasten the seat belt	*apertar o cinto*
to go through customs	*passar pela alfândega*
to declare	*declarar*
to ask for information	*pedir informações*
to rent	*alugar*
to visit	*visitar*
to call	*chamar*
to stroll, to tour around	*passear*
to rain	*chover*
to snow	*nevar*
to freeze	*gelar*
to hire	*contratar*

By Boat De Barco

the shipping line *a companhia de navegação*

a cruise *um cruzeiro*
the harbor *o porto*
the dock *o cais*
the shipyard *o estaleiro*
a warehouse *um armazém*
the mole *o quebra-mar*
a boat *um barco*
a ship *um navio*
a freighter *um cargueiro*
a tug-boat *um rebocador*
the lifeboat *o barco salva-vidas*
the lifejacket *o colete salva-vidas*
the lounge *o salão*
the bar *o bar*
the dining room *a sala de jantar*
the playroom *a sala de jogos*
the cabin *o camarote*
the berth *o beliche*
the porthole *a vigia*
the gangway *a passarela*
the ladder *a escada*
the deck *o convés*
the captain *o capitão*
the steward *o camaroteiro*
the sailor *o marinheiro*
the shipment *a carga*
the crane *o guindaste*
the trunk *o baú*
the lighthouse *o farol*
the sea *o mar*
an island *uma ilha*
the land *a terra*
the ocean *o oceano*

the wave   *a onda*
the tide   *a maré*
the current, the stream   *a corrente*
the storm   *a tempestade*
the clouds   *as nuvens*
the sky   *o céu*
the wreck   *os destroços*

* * *

seasick   *enjoado*
deep   *profundo*
shallow   *raso*
rough   *agitado*
smooth   *liso*
to embark   *embarcar*
to sail   *navegar*
to sink   *afundar*
to row   *remar*

By Train   De Trem

the train   *o trem*
the station   *a estação*
the platform   *a plataforma*
the waiting-room   *a sala de espera*
the buffet   *o bufê*
the entrance   *a entrada*
the exit   *a saída*
the ticket office   *a bilheteria*
the left-luggage office, baggage room
   o depósito de bagagens
the withdrawal   *a devolução*
the information office   *o posto de informações*
the newstand *a banca de jornais*
the timetable   *o horário*

the stationmaster   *o chefe da estação*
the porter   *o carregador*
the ticket collector   *o cobrador*
the door   *a porta*
the luggage-rack   *o porta bagagens*
the seat   *o assento*
the window   *a janela*
the blind   *a cortina*
the footboard   *o estribo*
the sleeping-car   *o vagão-leito*
the dining-car   *o vagão-restaurante*
the corridor   *o corredor*
the compartment   *o compartimento*
the rails   *os trilhos*
the points   *as agulhas*
the sign   *o sinal*
a sleeper   *um dormente*
the track   *a via férrea*
the buffer stop (UK), the bumper (US)
   o pára-choque
the freight   *o frete, a carga*
the tunnel   *o túnel*
the level-crossing   *a passagem de nível*

* * *

to miss the train   *perder o trem*
to leave   *partir*
to be in a hurry   *ter pressa*
to stop   *parar*
to wait   *esperar*
to be late   *estar atrasado*

By Car   **De Carro**

the driver   *o motorista*

the driving license   *a carteira de motorista*
the passenger   *o passageiro*
the pedestrian   *o pedestre*
the road   *a estrada*
the highway   *a auto-estrada*
the car   *o carro*
the truck   *o caminhão*
the bus   *o ônibus*
the motorbike   *a motocicleta*
the body   *a carroceria*
the bumper   *o pára-choque*
the windshield   *o pára-brisa*
the windshield wipers   *os limpadores de pára-brisa*
the wheel   *a roda*
the hubcap   *a calota*
a tire   *um pneu*
the puncture   *o furo*
the spare wheel/the spare tire   *o estepe*
the tire pressure   *a pressão dos pneus*
the jack   *o macaco*
the trunk   *o porta-malas*
the doors   *as portas*
the number plate   *a placa*
the lock   *a fechadura*
the door-handle   *a maçaneta*
the seats   *os bancos*
the seat-belt   *o cinto de segurança*
the hood   *o capô*
the steering-wheel   *o volante*
a knob   *um botão*
the choke   *o afogador*
the direction indicator   *o pisca-pisca*

the ignition key   *a chave de ignição*
the pedals   *os pedais*
the brakes   *os freios*
the handbrake   *o breque de mão*
the accelerator   *o acelerador*
the clutch   *a embreagem*
the gearbox   *o câmbio*
the gearlever   *a alavanca de marchas*
the gears   *as marchas*
the reverse gear   *a ré*
the horn   *a buzina*
the switch   *o interruptor*
the speedometer   *o velocímetro*
the speed   *a velocidade*
the headlights   *os faróis*
the tank   *o tanque*
gas   *a gasolina*
a gas station   *um posto de gasolina*
the gas pump   *a bomba de gasolina*
the engine   *o motor*
the dipstick   *a vareta do óleo*
the oil   *o óleo*
the spark plugs   *as velas*
the cylinders   *os cilindros*
the head   *o cabeçote*
the valves   *as válvulas*
the carburetor   *o carburador*
the radiator   *o radiador*
the fan   *a ventoinha*
the fan belt   *a correia*
the battery   *a bateria*
the shock absorbers   *os amortecedores*
the springs   *as molas*

the suspension   *a suspensão*
the transmission   *a transmissão*
the exhaust pipe   *o escapamento*
the parking   *o estacionamento*
a crash   *um acidente*
the breakdown   *a pane*
the leak   *o vazamento*
the mechanic   *o mecânico*

* * *

powerful   *potente*
fast   *rápido*
slow   *devagar*
full   *cheio*
empty   *vazio*
safe   *seguro*
dangerous   *perigoso*
slippery   *escorregadio*
dry   *seco*
wet   *molhado*
convertible   *conversível*
wrong   *errado*
right   *certo*
new   *novo*
secondhand   *usado*
to start   *dar partida*
to drive   *dirigir*
to accelerate   *acelerar*
to brake   *brecar*
to stop   *parar*
to park   *estacionar*
to change gear   *mudar as marchas*
to turn   *virar*
to slow down   *reduzir a velocidade*

to overtake   *ultrapassar*
to skid   *derrapar*
to swerve   *guinar, desviar*
to tow   *guinchar*
to break   *quebrar*
to fix, to repair   *consertar*
to overhaul, to check   *verificar*
to fill the tank   *encher o tanque*
to hit, to bump   *bater*

HOLIDAYS
FÉRIAS

At the Hotel   No Hotel

a hotel   *um hotel*
the reception desk   *a recepção*
the elevator (US), lift (UK)   *o elevador*
the floor   *o andar*
the key   *a chave*
a room   *um quarto*
the bed   *a cama*
a double bed   *uma cama de casal*
the sheet   *o lençol*
a pillow   *um travesseiro, uma almofada*
the mattress   *o colchão*
the blanket   *o cobertor*
a chest of drawer   *uma cômoda*
a drawer   *uma gaveta*
a cupboard   *um armário*
the coat-hanger   *o cabide*
the mirror   *o espelho*
the light   *a lâmpada*
the table   *a mesa*
the chair   *a cadeira*
the armchair   *a poltrona*
the bathroom   *o banheiro*
the shower   *a ducha*
the washbasin   *a pia*
the toilet   *a privada*
the flush   *a descarga*
the tap   *a torneira*
the water   *a água*

the towel *a toalha*
the soap *o sabão*
the toothbrush *a escova de dente*
the toothpaste *a pasta de dente*
the ashtray *o cinzeiro*
the tray *a bandeja*
the plug *a tomada*
the breakfast *o café da manhã*
the lunch *o almoço*
the dinner *o jantar*

* * *

roomy *espaçoso*
large *grande*
small *pequeno*
comfortable *confortável*
nice *agradável*
ugly *feio*
awful *horrível*
smart *chique*

* * *

to rest *descansar*
to sit *sentar*
to sleep *dormir*
to dream *sonhar*
to eat *comer*
to pull *puxar*
to push *empurrar*

At the Restaurant
No Restaurante

the restaurant *o restaurante*
the doorman *o porteiro*
the revolving door *a porta giratória*

the terrace *o terraço*
the bar/the pub *o bar*
the counter *o balcão*
the bartender *o garçom do bar*
the barmaid *a garçonete do bar*
a bar-stool *uma cadeira de bar*
the headwaiter *o maitre*
the waiter *o garçom*
the tray *a bandeja*
the waitress *a garçonete*
the table *a mesa*
the chair *a cadeira*
the table-cloth *a toalha de mesa*
the napkin *o guardanapo*
the fork *o garfo*
the knife *a faca*
the spoon *a colher*
the plate *o prato*
a glass *um copo*
a jug *uma jarra*
a tea-pot *um bule de chá*
the butter dish *a manteigueira*
the sugar bowl *o açucareiro*
the bread basket *o cesto de pão*
the saucer *o pires*
the cup *a xícara*
the menu *o menu*
the wine list *a carta de vinhos*
a meal *uma refeição*
a drink *uma bebida*
a straw *um canudo*
a toothpick *um palito de dente*
a bottle *uma garrafa*

the corkscrew *o saca-rolhas*
the cork *a rolha*
the cook, the chef *o cozinheiro*
the appetizer *o aperitivo*
the course *o prato*
the salad *a salada*
the hors d'oeuvre *o hors d'oeuvre, o aperitivo*
the dessert *a sobremesa*
the food *a comida*
the check (US), the bill (UK) *a conta*
the tip *a gorjeta*

Food *Comida*

meat *carne*
beef *a carne bovina*
a steak *um bife*
pork *carne de porco*
a chop *uma costeleta*
lamb *carne de cordeiro*
mutton *carneiro*
kidney *rim*
liver *fígado*
ham *presunto*
chicken *frango*
duck *pato*
turkey*peru*
partridge *perdiz*
pheasant *faisão*
a sausage *uma salsicha*
roast beef *carne assada*
boiled meat *carne cozida*
a stew *um guisado*
the tongue *a língua*

escargot *escargô*
frog *rã*
fish *peixe*
hake *pescada*
cod *bacalhau*
eel *enguia*
tuna fish *atum*
herring *arenque*
sardine *sardinha*
trout *truta*
sole *linguado*
shellfish *mariscos*
shrimps *camarões*
oysters *ostras*
mussels *mexilhões*
squid *lula*
octopus *polvo*
lobster *lagosta*
crab *caranguejo*
vegetables *legumes*
corn *milho*
rice *arroz*
potato *batata*
bean *feijão*
cabbage *repolho*
carrot *cenoura*
tomato *tomate*
cucumber *pepino*
beetroot *beterraba*
cauliflower *couve-flor*
asparagus *aspargo*
lettuce *alface*
leek *alho-poró*

onion *cebola*
string bean *vagem*
green pea *ervilha*
spinach *espinafre*
mushroom *cogumelo*
radish *rabanete*
fruits *frutas*
pineapple *abacaxi*
banana *banana*
grape *uva*
apple *maçã*
orange *laranja*
tangerine *mexerica*
melon *melão*
watermelon *melancia*
strawberry *morango*
fig *figo*
grapefruit *grapefruit, toranja*
currant *groselha*
raspberry *framboesa*
blackberry *amora*
cherry *cereja*
peach *pêssego*
pear *pêra*
apricot *damasco*
almonds *amêndoas*
date *tâmara*
plum *ameixa*
the pit *o caroço*
a drink *uma bebida*
an ice cube *uma pedra de gelo*
the water *a água*
a mineral water *uma água mineral*

a fruit juice *um suco de fruta*
a refreshment *um refrigerante*
wine *vinho*
champagne *champanhe*
a beer *uma cerveja*
a cider *uma cidra*
a lemonade *uma limonada*
an orange juice *uma laranjada*
an alcoholic drink *uma bebida alcoólica*
a soft drink *um refrigerante*
a liqueur *um licor*
a brandy *um conhaque*
a gin *um gim*
a Port *um vinho do Porto*
a whisky *um uísque*
milk *leite*
coffee *café*
tea *chá*
chocolate *chocolate*
salt *sal*
pepper *pimenta*
mustard *mostarda*
vinegar *vinagre*
oil *óleo*
the gravy *o molho*
butter *manteiga*
the cream *o creme*
the margarine *a margarina*
bread *pão*
a loaf *um filão*
a sandwich loaf *um pão de forma*
a roll *um pãozinho*
a slice *uma fatia*

the crumbs   *as migalhas*
the noodles   *a massa*
the flour   *a farinha*
an egg   *um ovo*
a cake   *um bolo*
a pie   *uma torta*
a pyramid cake   *um bolo inglês*
a doughnut   *uma rosquinha*
an éclair   *uma bomba*
a cookie   *um bolinho*
a roly-poly   *um rocambole*
an omelet   *uma omelete*
cheese   *queijo*
a biscuit   *uma bolacha*
french fries   *batatas fritas*
a soup   *uma sopa*
a broth   *um caldo*
the spices   *os temperos*
garlic   *alho*
parsley   *cebolinha*
a sandwich   *um sanduíche*
the snack   *o lanche*
the ice-cream   *o sorvete*
the jam   *a geléia*
thirst   *sede*
hunger   *fome*
a diet   *um regime*
* * *
fried   *frito*
boiled, cooked   *cozido*
underdone (UK), rare (US)   *mal passado*
rare   *pouco passado*
medium   *ao ponto*

well done roasted   *bem passado*
broiled   *assado, grelhado*
raw   *cru*
tasty   *gostoso*
delicious   *delicioso*
good   *bom*
bad   *ruim*
tender   *macio*
hard   *duro*
ripe   *maduro*
wholesome, healthy   *saudável*
sweet   *doce*
bitter   *amargo*
sour   *azedo*
fresh   *fresco*
rotten   *podre*
greasy   *gorduroso*

* * *

to cook   *cozinhar*
to boil   *ferver*
to fry   *fritar*
to bake, to roast   *assar*
to grill, to broil   *grelhar*
to prepare   *preparar*
to cut, to carve   *cortar*
to peel, to shell   *descascar*
to burn   *queimar*
to eat   *comer*
to taste   *experimentar*
to chew   *mastigar*
to swallow   *engolir*
to like   *gostar*
to digest   *digerir*

to drink   *beber*
to sip   *bebericar*
to be hungry   *estar com fome*
to be thirsty   *estar com sede*
to starve   *morrer de fome*
to fatten, to gain weight   *engordar*
to grow thin, to lose weight   *emagrecer*
to serve, to wait on   *servir*
to serve oneself, to help oneself   *servir-se*

SHOPPING
COMPRAS

a shopping mall   *um shopping center*
a shop, a store   *uma loja*
a department store   *um grande magazine*
the drugstore   *a drogaria*
the jewelry shop   *a joalheria*
the bakery   *a padaria*
the butcher's shop   *o açougue*
the stationery, paper-shop   *a papelaria*
the grocery   *a mercearia*
the hardware store   *a loja de ferragens*
the bookstore   *a livraria*
the supermarket   *o supermercado*
the candy shop   *a confeitaria*
the laundry   *a lavanderia*
a garment store   *uma loja de roupas*
the tobacco shop   *a tabacaria*
the florist's shop   *a floricultura*
a record store   *uma loja de discos*
the hairdresser   *o cabeleireiro*
the barber   *o barbeiro*
the locksmith   *o chaveiro*
the shoemaker   *o sapateiro*
the plumber   *o encanador*
the painter   *o pintor*
the electrician   *o eletricista*
the joiner, the cabinetmaker   *o marceneiro*
the counter   *o balcão*
the window   *a vitrine*
the display   *a exposição*

the cash desk *a caixa*
the goods *a mercadoria*
a product *um produto*
an item *um artigo*
a sale *uma liquidação*
a bargain *uma pechincha*
a salesman *um vendedor*
a salesgirl *uma vendedora*
a shopkeeper *um comerciante*
a customer *um freguês*
the money *o dinheiro*
a banknote *uma nota*
a coin *uma moeda*
the change *o troco*
a check-book *um talão de cheque*
a check *um cheque*
a credit card *um cartão de crédito*
a parcel *um pacote*
a shopping-bag *um saco de compras*

* * *

to buy *comprar*
to sell *vender*
to choose *escolher*
to show *mostrar*
to serve *atender*
to order *encomendar*
to deliver *entregar*
to wrap *embrulhar*
to weigh *pesar*

Clothes *Roupas*

a sock *uma meia*
stockings *meias de mulher*

tights, panty-hose   *uma meia-calça*
a slipper   *um chinelo*
a shoe   *um sapato*
a boot   *uma bota*
a tennis shoe   *um tênis*
the sandals   *as sandálias*
the toe   *a ponta*
the laces   *os laços*
the tongue   *a lingüeta*
the seams   *as costuras*
the heel   *o salto*
the sole   *a sola*
underwear   *roupa de baixo*
underpants   *cueca*
panties   *calcinha*
a bra   *um sutiã*
a t-shirt   *uma camiseta*
pants, trousers   *uma calça*
a pocket   *um bolso*
the fly   *a braguilha*
the crease   *a prega*
a belt   *um cinto*
the buckle   *a fivela*
the suspenders, braces   *os suspensórios*
a skirt   *uma saia*
a dress   *um vestido*
a shirt   *uma camisa*
the cuff   *o punho*
a tie   *uma gravata*
a bow tie   *uma gravata borboleta*
a suit   *um terno*
a blouse   *uma blusa*
a sweater   *uma malha, um suéter*

the collar   *a gola*
a scarf   *um cachecol*
a neckerchief   *um lenço de pescoço*
a handkerchief   *um lenço de nariz*
the waistcoat, the vest   *o colete*
the button   *o botão*
the buttonhole   *a casa de botão*
a zip-fastener   *um zíper*
an overall   *um macacão*
an apron   *um avental*
the coat   *o casaco*
the fur coat   *o casaco de pele*
the jacket   *o paletó*
the raincoat   *a capa de chuva*
the hat   *o chapéu*
the bowler hat   *o chapéu coco*
a cap   *um boné*
a beret   *uma boina*
the gloves   *as luvas*
the pajamas   *o pijama*
the night-gown   *a camisola*
the dressing-gown   *o roupão*
swimsuit   *roupa de banho*
the sleeves   *as mangas*
the collar   *o colarinho*
a seam   *uma costura*
a hem   *uma bainha*
the lining   *o forro*
the fabric   *o tecido*
the size   *o tamanho*
cotton   *algodão*
wool   *lã*
silk   *seda*

linen   *linho*
the embroidery   *o bordado*
lace   *renda*
the thread   *a linha*
a thimble   *um dedal*
a reel   *um carretel*
a needle   *uma agulha*
a pin   *um alfinete*
shears, scissors   *tesoura*

* * *

large   *grande*
small   *pequeno*
tight   *apertado*
narrow   *estreito*
loose   *largo*
short   *curto*
long   *comprido*
smart, elegant   *elegante*
fashionable, trendy   *na moda*
classic   *clássico*
modern   *moderno*
up-to-date   *atualizado*
out-of-date, old-fashioned   *desatualizado*
printed   *estampado*
plain   *liso*
striped   *listrado*
stained   *manchado*
torn   *rasgado*
pleated   *pregueado, franzido*

* * *

to wear   *vestir*
to get dressed   *vestir-se*

to take off one's clothes, to undress
   tirar a roupa, despir-se
to put on   *pôr*
to try on   *experimentar*
to fit   *estar do tamanho certo*
to suit   *ficar bem*
to wash   *lavar*
to shrink   *encolher*
to iron   *passar*
to tear   *rasgar*
to make a hole   *furar*
to sew   *costurar*
to hem   *abainhar*
to mend, to patch   *remendar*
to stitch on   *pregar*
to dye   *tingir*

Hi-Fi   *Som*

a record   *um disco*
a tape   *uma fita*
a compact-disc   *um disco-compacto, CD*
music   *música*
the tune   *a melodia*
a song   *uma canção*
a hit   *um sucesso*
the composer   *o compositor*
a singer   *um cantor*
the voice   *a voz*
the conductor   *o regente*
the choir   *o coro*
a band, an orchestra   *uma orquestra*
a group   *um grupo*
a musician   *um músico*

a piano   *um piano*
a violin   *um violino*
the trumpet   *a trombeta*
the flute   *a flauta*
the saxophone   *o saxofone*
the guitar   *o violão*
the double bass   *o contrabaixo*
the horn   *a trompa*
the drum   *o tambor*
the drums   *a bateria*
a player   *um tocador*
a record-player   *um toca-discos*
the tuner   *o sintonizador*
the amplifier   *o amplificador*
a tape-deck   *um toca-fitas*
a tape-recorder   *um gravador*
a hi-fi   *um aparelho de som*

* * *

slow   *lento*
fast   *rápido*
hot   *quente*
cool   *legal*
pleasant   *agradável*

* * *

to listen   *escutar*
to play   *tocar*
to record   *gravar*

Books   *Livros*

a book   *um livro*
a pocket book   *um livro de bolso*
a dictionary   *um dicionário*
an atlas   *um atlas*

a novel   *um romance*
the title   *o título*
the writer   *o escritor*
a poet   *um poeta*
the publisher   *o editor*
a critique   *uma crítica*
a critic   *um crítico*
a short-story   *um conto*
a tale   *uma história, um conto*
fiction   *ficção*
non-fiction   *não-ficção*
poetry   *poesia*
a translation   *uma tradução*
the cover   *a capa*
the wrapper, jacket   *a sobrecapa*
the flap   *a orelha*
the binding   *a encadernação*
the spine   *a lombada*
a chapter   *um capítulo*
a lower case   *uma letra minúscula*
an upper case, a capital letter
   uma letra maiúscula
a page   *uma página*
a paragraph   *um parágrafo*
the margin   *a margem*
the spacing   *o espaçamento*
the line   *a linha*
the word   *a palavra*
the printing   *a impressão*
the plot   *a trama*
a character   *um personagem*
the style   *o estilo*
a masterpiece   *uma obra prima*

* * *

hard-cover   *capa-dura*
thick   *grosso*
out-of-print   *esgotado*
interesting   *interessante*
funny   *engraçado*
sad   *triste*
dramatic   *dramático*
boring   *chato*
moving   *emocionante*

* * *

to read   *ler*
to write   *escrever*
to describe   *descrever*
to tell   *contar*

Tobacco   *Tabaco*

a cigarette   *um cigarro*
the filter-tip   *o filtro*
a pack   *um maço*
a box   *uma caixa*
the brand   *a marca*
a cigar   *um charuto*
a cigar-cutter   *um corta-charutos*
a pipe   *um cachimbo*
the bowl   *o fornilho*
the stem   *o tubo*
the mouth piece   *a boquilha*
the pipe scraper   *o raspador de cachimbo*
the cigarette holder   *a piteira*
the matches   *os fósforos*
the lighter   *o isqueiro*
the flint   *a pedra*

the ashtray   *o cinzeiro*
the smoke   *a fumaça*

* * *

to smoke   *fumar*
to light   *acender*
to put out   *apagar*

Laundry   Lavanderia

dry cleaning   *a limpeza a seco*
the washing machine   *a máquina de lavar*
the drier   *a máquina de secar*
the soap powder   *o sabão em pó*
a stain   *uma mancha*
the starch   *a goma*
the pressing iron   *o ferro de passar*

* * *

wet   *molhado*
dry   *seco*
ironed   *passado*
crumpled   *amarrotado*

* * *

to wash   *lavar*
to clean   *limpar*
to dry   *secar*
to press, to iron   *passar*
to make wet   *molhar*
to soak   *encharcar*
to starch   *engomar*

Photography   Fotografia

the camera   *a máquina fotográfica*
the case   *o estojo*
the strap   *a correia*

the tripod   *o tripé*
the flash   *o flash*
the light meter   *o fotômetro*
the range finder   *o telêmetro*
the view-finder   *o visor*
the shutter   *o obturador*
the shutter release   *o disparador*
the self-timer   *o disparador automático*
the shutter-speed dial   *o dispositivo de tempo de exposição*
the synchronizer   *o sincronizador*
the diaphragm ring   *o regulador de diafragma*
the reversing lever   *a chave de inversão*
the lens   *a lente*
the ring   *o anel*
the diaphragm   *o diafragma*
the bellows   *o fole*
the focusing   *a focalização*
the lever   *a alavanca*
the knob   *o botão*
the movie camera   *a filmadora*
a film   *um filme*
a slide   *um slide*
black and white   *preto e branco*
a roll   *um rolo*
the spool   *o carretel*
the size   *o tamanho*
a negative   *um negativo*
an enlargement   *uma ampliação*
a development   *uma revelação*
a print   *uma cópia*
a photograph, a picture   *uma fotografia*
a video-recorder   *um aparelho de vídeo*

a videotape   *uma fita de vídeo*

* * *

to enlarge   *ampliar*

to develop   *revelar*

to take pictures   *fotografar*

Jewels   *Jóias*

a watch   *um relógio*

a necklace   *um colar*

a pendant   *um pingente*

a locket   *um medalhão*

an earring   *um brinco*

a ring   *um anel*

a wedding ring   *uma aliança*

a bangle, a bracelet   *uma pulseira, um bracelete*

a brooch   *um broche*

a cuff link   *uma abotoadura*

a gem, a stone   *uma pedra preciosa*

a diamond   *um diamante*

an emerald   *uma esmeralda*

a ruby   *um rubi*

a sapphire   *uma safira*

silver   *prata*

gold   *ouro*

a pearl   *uma pérola*

the jeweler   *o joalheiro*

* * *

to cut   *lapidar*

to value   *avaliar*

Post office and Telephone
Correio e Telefone

a mailbox   *uma caixa de correio*
a letter   *uma carta*
a postcard   *um cartão postal*
an envelope   *um envelope*
the flap   *a aba*
the edge   *a borda*
the paper   *o papel*
the heading   *o cabeçalho*
a stamp   *um selo*
the postage   *a franquia*
the address   *o endereço*
a telegram   *um telegrama*
a parcel, a package   *um pacote*
the postman, the mailman   *o carteiro*
the post office   *o correio*
a postal money order   *um vale postal*
the collection   *o recolhimento*
the delivery   *a distribuição*
the telephone, phone   *o telefone*
the receiver rest   *o gancho*
the receiver, the ear-piece   *o receptor*
the transmitter, mouth piece   *o transmissor*
the dial   *o disco*
the phone booth   *a cabine telefônica*
a call   *uma chamada, uma ligação*
the number   *o número*
the code   *o código*
the line   *a linha*
the phone directory   *a lista telefônica*
an answer   *uma resposta*

* * *

registered   *registrado*
busy   *ocupado*
free   *livre*
long-distance   *interurbano*
local   *local*
collect   *a cobrar*

* * *

to send   *mandar, enviar*
to post, to mail   *postar*
to receive   *receber*
to collect   *recolher*
to deliver   *entregar*
to phone   *telefonar*
to call   *ligar, chamar*
to dial   *discar*
to answer   *responder*
to hang up   *desligar*
to ring   *tocar*

Supermarket   *Supermercado*

a can   *uma lata*
a bottle   *uma garrafa*
a box   *uma caixa*
a pack   *um pacote*
fruits   *frutas*
vegetables   *os legumes*
meat   *carne*
dairy   *laticínios*
cleaning products   *produtos de limpeza*

Stationery   *Papelaria*

the paper   *o papel*
the wrapping paper   *o papel de embrulho*

an exercise book   *um caderno*
a pad   *um bloco de papel*
a sheet   *uma folha*
an envelope   *um envelope*
the ballpoint pen   *a caneta esferográfica*
a fountain-pen   *uma caneta-tinteiro*
a refill   *uma carga*
a pencil   *um lápis*
a mechanical pencil   *uma lapiseira*
a pencil-sharpener   *um apontador (de lápis)*
a ruler   *uma régua*
the ink   *a tinta*
the blotting-paper   *o mata-borrão*
a rubber   *uma borracha*
the glue   *a cola*
the drawing pins   *os percevejos*
the paper clips   *os clipes*
scissors, shears   *tesoura*
a staple   *um grampo*
a stapler   *um grampeador*
a rubber-stamp   *um carimbo*

Drugstore   Drogaria

the chemist   *o farmacêutico*
the prescription   *a receita*
the medicine   *o medicamento*
the ointment   *a pomada*
the pills, the tablets   *os comprimidos*
the pastilles   *as pastilhas*
the adhesive plaster   *o esparadrapo*
the cotton wool   *o algodão*
the lint   *a gaze*
the bandage   *a atadura*

a cream *um creme*
a lotion *uma loção*
the perfume *o perfume*
a deodorant *um desodorante*
the shaving cream *o creme de barbear*
a razor *um barbeador*
a blade *uma lâmina*
the toothpaste *a pasta de dente*
a toothbrush *uma escova de dente*
the brush *a escova*
the comb *o pente*
the file *a lixa*
the make-up *a maquilagem*
the lipstick *o batom*
the nail polish, nail enamel *o esmalte*
a hair pin *um grampo de cabelo*
a hair buckle *uma fivela de cabelo*
a solar cream *um creme de bronzear*
soap *sabão*

Hardware **Ferragens**

a tool *uma ferramenta*
a hammer *um martelo*
the hoe *a enxada*
the pickaxe *a picareta*
a boring tool *uma furadeira*
a drill *uma broca*
a gimlet *um trado*
a plane *uma plaina*
a screwdriver *uma chave de fenda*
a spanner, a wrench *uma chave de parafusos*
pliers *alicate*
a file *uma lima*

a chisel   *um buril*
the paint   *a tinta*
a spray gun   *um revólver de tinta*
a pot   *uma lata*
a tube   *um tubo*
a paint brush   *um pincel, uma broxa*
an easel   *um cavalete*
a palette   *uma paleta*
a scraper   *uma raspadeira*
a nail   *um prego*
a screw, a bolt   *um parafuso*
a nut   *uma porca*
a locknut   *uma cavilha*
the thread   *o filete de rosca*
the head   *a cabeça*
a wing-nut   *uma borboleta*
a washer   *uma arruela*
a shovel   *uma pá*
a trowel   *uma trolha*
a saw   *uma serra*
a ladder   *uma escada*
a hose   *uma mangueira*
a watering-can   *um regador*
a pail, bucket   *um balde*
a broom   *uma vassoura*

Flowers   *Flores*

a bunch   *um buquê*
the petal   *a pétala*
the stem   *o caule*
the thorn   *o espinho*
the bud   *o broto*
an orchid   *uma orquídea*

a rose *uma rosa*
a daisy *uma margarida*
a tulip *uma tulipa*
a carnation *um cravo*
a daffodil *um narciso*
a lilac *um lilás*
a lily *um lírio*
the scent *o aroma*

* * *

to bloom *florescer*
to wither *murchar*

AT THE BEACH
NA PRAIA

the beach   *a praia*
the sand   *a areia*
a pebble   *um seixo*
the dune   *a duna*
the sea   *o mar*
the ocean   *o oceano*
the coast   *a costa*
a peninsula   *uma península*
a bay   *uma baía*
a sandbank   *um banco de areia*
an estuary   *um estuário*
the surf   *a ressaca*
a lagoon   *uma lagoa*
the quicksand   *a areia movediça*
the wave   *a onda*
the tide   *a maré*
a river   *um rio*
the bank   *a margem*
a waterfall   *uma cachoeira*
the swimsuit   *a roupa de banho*
the towel   *a toalha*
the mat   *a esteira*
the sunshade   *o guarda-sol*
the deck chair   *a cadeira de praia*
the sunglasses   *os óculos de sol*
a hat   *um chapéu*
the seashell   *a concha*
the bucket   *o balde*
the spade   *a pá*

a sandcastle   *um castelo de areia*
a sailing-boat   *um veleiro*
the cabin   *a cabina*
the helm, the rudder   *o leme*
the keel   *a quilha*
the mast   *o mastro*
the sail   *a vela*
a motorboat   *uma lancha*
the outboard-motor   *o motor de popa*
a canoe   *uma canoa*
an oar   *um remo*
a buoy   *uma bóia*
a fish   *um peixe*
fishing   *a pesca*
a net   *uma rede*
the fishing rod   *a vara de pescar*
the fishing line   *a linha de pescar*
the hook   *o anzol*
water skiing   *o esqui aquático*
the surfboard   *a prancha de surfe*
the diving-suit   *a roupa de mergulho*

* * *

clean   *limpo*
dirty   *sujo*
clear   *transparente*
muddy   *turvo*
polluted   *poluída*

* * *

to swim   *nadar*
to play   *jogar*
to bathe   *tomar banho*
to dive   *mergulhar*
to tan   *bronzear*

to jump   *pular*
to fish   *pescar*
to catch   *pegar*

IN THE MOUNTAIN
NA MONTANHA

the mountain   *a montanha*
the slope, the side   *a vertente, a encosta*
an overhang   *uma saliência*
a crevice   *uma falha*
a peak   *um pico*
the crest   *a crista*
a mountain-range   *uma serra*
a massif   *um maciço*
the escarpment   *a escarpa*
a cliff   *um penhasco*
a precipice   *um precipício*
a pass   *uma passagem*
a crater   *uma cratera*
a volcano   *um vulcão*
a trail   *uma trilha*
the top   *o cume*
the snow   *a neve*
the ice   *o gelo*
the glacier   *a geleira*
a mountain climber   *um alpinista*
a skier   *um esquiador*
a skater   *um patinador*
a sledge   *um trenó*
a ski   *um esqui*
a pole   *um bastão*
a skate   *um patim*
a skating rink   *uma pista de patinação*
a cable car   *um teleférico*
the ski-lift   *o elevador de esqui*

a chalet   *um chalé*
a ski-resort   *uma estação de esqui*
a shelter   *um abrigo*

* * *
high   *alto*
low   *baixo*
cold   *frio*
freezing, icy   *gelado*
glacial   *glacial*
up   *para cima*
down   *para baixo*

* * *
to slide   *deslizar*
to slip   *escorregar*
to jump   *saltar*
to ski   *esquiar*
to skate   *patinar*
to warm up   *esquentar*
to fall   *cair*
to get up   *levantar*
to frost   *gear*
to freeze   *gelar*
to melt   *derreter*

IN THE STREET
NA RUA

a street   *uma rua*
an avenue   *uma avenida*
a square   *uma praça*
the sidewalk   *a calçada*
the curb   *o meio-fio*
the gutter   *a sarjeta*
a drain   *um bueiro*
the sewer   *o esgoto*
the traffic   *o trânsito*
the pollution   *a poluição*
a traffic jam   *um engarrafamento*
the traffic-light   *o sinal luminoso*
the road signs   *os sinais de trânsito*
a tunnel   *um túnel*
a crossing   *um cruzamento*
the crosswalk   *a faixa de pedestres*
the crowd   *a multidão*
a pedestrian   *um pedestre*
a policeman   *um policial*
a car   *um carro*
a bus   *um ônibus*
a van   *uma caminhonete*
a truck   *um caminhão*
a motorbike   *uma motocicleta*
a moped   *uma mobilete, ciclomotor*
a bicycle   *uma bicicleta*
a street-light   *um poste de luz*
a garbage can, waste bin   *uma lata de lixo*
a poster, a placard   *um cartaz*

a building   *um edifício*
a skyscraper   *um arranha-céu*
a house   *uma casa*
the stores   *as lojas*
the monuments   *os monumentos*
a museum   *um museu*
a church   *uma igreja*
a cathedral   *uma catedral*
a school   *uma escola*
a university   *uma universidade*
the post-office   *o correio*
a mail box   *uma caixa de correio*
a phone-booth   *uma cabine telefônica*
a gas station   *um posto de gasolina*
a movie-theater   *um cinema*
a theater   *um teatro*
a department store   *um grande magazine*
the hospital   *um hospital*
a newsstand   *uma banca de jornais*
a park   *um parque*
a library   *uma biblioteca*
a bar   *um bar*
a café   *um boteco*
a restaurant   *um restaurante*
a nightclub   *uma boate*
the hotel   *o hotel*
a bank   *um banco*
an office   *um escritório*
an agency   *uma agência*
a subway station   *uma estação de metro*
a bus stop   *um ponto de ônibus*
downtown   *o centro da cidade*
the suburb   *o subúrbio*

the neighborhood   *o bairro*
a slum   *um cortiço*
the shanty town   *a favela*

* * *

noisy   *barulhento*
quiet   *tranqüilo*
impressive   *impressionante*
lively   *animado*
charming   *charmoso*
dangerous   *perigoso*
safe   *seguro*
pleasant   *agradável*
historical   *histórico*

* * *

to walk   *andar*
to be in a hurry   *estar com pressa*
to visit   *visitar*
to cross   *atravessar*
to stop   *parar*
to build   *construir*
to pull down   *demolir*
to forbid   *proibir*
to litter   *sujar*
to stroll   *passear*

Entertainment   *Diversões*

the movie theater   *o cinema*
the box-office   *a bilheteria*
a movie   *um filme*
the star   *a estrela*
an actor   *um ator*
an actress   *uma atriz*
the stuntman   *o dublê*

the director *o diretor*
the scriptwriter *o roteirista*
the script *o roteiro*
the plot *a trama*
a part *um papel*
the soundtrack *a trilha sonora*
a western *um filme de faroeste*
a comedy *uma comédia*
a drama *um drama*
a thriller *um suspense*
a terror movie *um filme de terror*
a musical *um musical*
a documentary *um documentário*
a cartoon *um desenho*
the dubbing *a dublagem*
the subtitles *as legendas*
the advertising *a propaganda*
the screen *a tela*
the seat *o lugar*
the show *a espetáculo*
the footlights *a ribalta*
the scenery *o cenário*
the stalls *a platéia*
a row *uma fileira*
the curtain *a cortina*
the stage *o palco*
the theater *o teatro*
a play *uma peça*
the playwright *o dramaturgo*
the rehearsal *o ensaio*
the backstage *os bastidores*
a dressing-room *um camarim*
the prompter *o ponto*

a box   *um camarote*
the interval, intermission   *o intervalo*
a hit   *um sucesso*
a flop   *um fracasso*
the opera   *a ópera*
the singer   *o cantor*
the ballet   *o balé*
the dance   *a dança*
a dancer   *um bailarino*
a concert   *um concerto*
the concert-hall   *a sala de concerto*
the orchestra   *a orquestra*
the conductor   *o regente, o maestro*
the musician   *o músico*

* * *

moving   *emocionante*
boring   *chato*
entertaining   *divertido*
funny   *engraçado*
nice   *agradável*
famous   *famoso*
live   *ao vivo*

* * *

to act, to perform   *representar*
to applaud, to clap hands   *aplaudir*
to see   *ver*
to like   *gostar*
to thrill   *empolgar*

IN THE COUNTRY
NO CAMPO

the country   *o campo*
a village   *uma aldeia*
a hamlet   *uma vila*
the church   *a igreja*
the steeple, the belfry   *o campanário*
a lightning conductor   *um pára-raios*
the bell   *o sino*
the parson, vicar   *o pastor*
the parish priest   *o pároco*
the square   *a praça*
the fountain   *o chafariz*
the town hall   *a prefeitura*
the mayor   *o prefeito*
a farm   *uma fazenda*
a barn   *um celeiro*
a shed   *um galpão*
a gate   *um portão*
a lath   *uma ripa*
a post   *um pilar*
a farmer   *um fazendeiro*
a peasant   *um camponês*
a tiller   *um lavrador*
a hedge, a fence   *uma cerca*
a field   *um campo*
a well   *um poço*
a pump   *uma bomba d'água*
a fertilizer   *um fertilizante*
the seed   *a semente*
a grain   *um grão*

a tractor   *um trator*
a plough   *um arado*
a scythe   *um gadanho*
a pitch-fork   *um forcado*
a rake   *um ancinho*
the soil   *o solo*
the crop   *a safra*
the harvest   *a colheita*
a sheaf   *um feixe*
wheat   *trigo*
corn   *milho*
cotton   *algodão*
soybean   *soja*
bean   *feijão*
sugar cane   *cana de açúcar*
barley   *cevada*
hops   *lúpulo*
oat   *aveia*
grass   *grama*

Orchard   *Pomar*

an apple tree   *uma macieira*
a plum tree   *uma ameixeira*
a cherry tree   *uma cerejeira*
a fig tree   *uma figueira*
a peach tree   *um pessegueiro*
an orange tree   *uma laranjeira*
a lemon tree   *um limoeiro*
a banana tree   *uma bananeira*
a meadow   *um prado*
straw   *palha*
hay   *feno*

Forest   *Floresta*

a river   *um rio*
a pond   *um lago*
the dew   *o orvalho*
a moor, marsh   *um charco*
a flower   *uma flor*
a mushroom   *um cogumelo*
the moss   *o musgo*
a wood   *um bosque*
a tree   *uma árvore*
a branch   *um galho*
a leaf   *uma folha*
the leaves   *as folhas*
the stem   *o tronco*
the bark   *a casca*
the sap   *a seiva*
the root   *a raiz*
the oak   *o carvalho*
the walnut tree   *a nogueira*
a fir   *um abeto*
a pine   *um pinho*
an ash   *um freixo*
a chestnut tree   *um castanheiro*
a willow   *um salgueiro*
a weeping-willow   *um chorão*
an eucalyptus   *um eucalipto*
a bush   *uma moita*
a glade   *uma clareira*
an ivy   *uma trepadeira*
a palm tree   *uma palmeira*
a liana   *um cipó*

* * *

pure   *puro*

natural   *natural*
beautiful   *bonito*
fertile   *fértil*
barren   *estéril*
dry   *seco*
wet   *úmido*
silent   *silencioso*
arable   *cultivável*
lonely   *solitário*
isolated   *isolado*
sweet   *doce*

* * *

to grow   *cultivar*
to sow   *semear*
to plough, to till   *lavrar*
to irrigate   *irrigar*
to harvest   *colher*
to reap, to mow   *ceifar*
to thrash   *debulhar*
to sheaf, to bind   *engavelar*
to whet, to sharpen   *afiar*

Time and Seasons
Tempo e Estações

the time   *o tempo (hora)*
a second   *um segundo*
a minute   *um minuto*
an hour   *uma hora*
half an hour   *uma meia hora*
a clock   *um relógio de parede ou mesa*
a watch   *um relógio de pulso*
the hand   *o ponteiro*
the dial   *o mostrador*

the winder *a coroa*
an alarm clock *um despertador*
an hourglass *uma ampulheta*
the morning *a manhã*
the afternoon *a tarde*
the beginning *o começo*
the end *o fim*
the evening *o fim da tarde, começo da noite*
the night *a noite*
a day *um dia*
today *hoje*
tomorrow *amanhã*
yesterday *ontem*
Monday *segunda-feira*
Tuesday *terça-feira*
Wednesday *quarta-feira*
Thursday *quinta-feira*
Friday *sexta-feira*
Saturday *sábado*
Sunday *domingo*
a week *uma semana*
a weekend *um fim de semana*
a fortnight *quinze dias*
a month *um mês*
January *janeiro*
February *fevereiro*
March *março*
April *abril*
May *maio*
June *junho*
July *julho*
August *agosto*
September *setembro*

October   *outubro*
November   *novembro*
December   *dezembro*
the season   *a estação*
spring   *primavera*
summer   *verão*
autumn, fall   *outono*
winter   *inverno*
the calendar   *o calendário*
the weather   *o tempo, o clima*
the rain   *a chuva*
the snow   *a neve*
a cloud   *uma nuvem*
the fog, the mist   *a neblina*
the nebulosity   *a nebulosidade*
the sun   *o sol*
a storm   *uma tempestade*
the cold   *o frio*
the heat   *o calor*
ice   *gelo*
a frost   *uma geada*
a rainbow   *um arco-íris*

★ ★ ★

early   *cedo*
late   *tarde*
next   *próximo*
warm, hot   *quente*
cold   *frio*
freezing   *gelado*
cloudy   *nublado*

★ ★ ★

to begin   *começar*
to end, to finish   *acabar*

to shine   *brilhar*
to rain   *chover*
to snow   *nevar*
to frost, to freeze   *gear, gelar*

Animals   *Animais*

the poultry-yard   *o galinheiro*
a hen   *uma galinha*
the beak   *o bico*
a cock   *um galo*
a chick   *um pinto*
a dove   *uma pomba*
a duck   *um pato*
a goose   *um ganso*
a peacock   *um pavão*
a swan   *um cisne*
a turkey   *um peru*
the feather   *a pena*
the down   *a penugem*
the stable   *a cavalariça*
a horse   *um cavalo*
a mare   *uma égua*
a stallion   *um garanhão*
a pony   *um potro*
the hoof   *o casco*
the mane   *a crina*
the tail   *o rabo*
the pasture   *a pastagem*
the cattle shed   *o estábulo*
the cattle   *o gado*
the cow   *a vaca*
the bull   *o touro*
the ox   *o boi*

the calf *o bezerro*
the horn *o chifre*
the hide *o couro*
the pigsty, sty *a pocilga, o chiqueiro*
a pig, a hog *um porco*
a sow *uma porca*
a piglet *um porquinho*
a sheep *um carneiro*
a ram *um carneiro macho*
a ewe *uma ovelha*
the lamb *o cordeiro*
the goat *a cabra*
the he-goat *o bode*
the kid *o cabrito*
a herd, a flock *um rebanho*
the kennel *o canil*
a pet *um bicho de estimação*
the dog *o cachorro*
the cat *o gato*

* * *

to breed *criar*
to bellow *mugir*
to bark *latir*
to cackle *cacarejar*
to neigh *relinchar*
to feed *alimentar*

Wild Animals
Animais Selvagens

a monkey *um macaco*
the hair *o pelo*
a tiger *um tigre*
a lion *um leão*

the paw *a pata*
the claw *a garra*
the den *a toca*
a panther *uma onça*
an elephant *um elefante*
the trunk *a tromba*
the tusk *a presa*
a gorilla *um gorila*
a crocodile *um crocodilo*
a giraffe *uma girafa*
a bear *um urso*
a fox *uma raposa*
a wolf *um lobo*
a camel *um camelo*
a stag *um cervo*
a doe *uma corça*
a deer *um veado*
a chamois *uma camurça*
a hare *uma lebre*
a rabbit *um coelho*
a hedgehog *um ouriço*
a squirrel *um esquilo*
an otter *uma lontra*
a beaver *um castor*
a kangaroo *um canguru*
a mole *uma toupeira*
a mouse *um rato*
a rat *uma ratazana*
a snake *uma cobra*
a bird *um pássaro*
an eagle *uma águia*
a hawk *um falcão*
a vulture *um abutre*

a parrot   *um papagaio*
a humming-bird   *um beija-flor*
an owl   *uma coruja*
an ostrich   *um avestruz*
a nightingale   *um rouxinol*
a swallow   *uma andorinha*
a blackbird   *um melro*
a crow, a raven   *um corvo*
a seagull   *uma gaivota*
a sparrow   *um pardal*
a stork   *uma cegonha*
a woodpecker   *um pica-pau*
a penguin   *um pingüim*
a turtle, a tortoise   *uma tartaruga*
a toad   *um sapo*
a frog   *uma rã*
a lizard   *um lagarto*
a seal   *uma foca*
a whale   *uma baleia*
a shark   *um tubarão*
a dolphin   *um golfinho*
a fin   *uma nadadeira, uma barbatana de peixe*
an octopus   *um polvo*
a jelly fish   *uma água-viva*
a fish   *um peixe*
a scale   *uma escama*
a crab   *um caranguejo*
an insect   *um inseto*
a fly   *uma mosca*
a mosquito   *um mosquito*
a bee   *uma abelha*
a beehive   *uma colmeia*
a butterfly   *uma borboleta*

a night butterfly   *uma mariposa*
a moth   *uma traça*
a beetle   *um besouro*
an ant   *uma formiga*
a cockroach   *uma barata*
a spider   *uma aranha*
a cobweb   *uma teia de aranha*
a grasshopper   *um gafanhoto*
a cricket   *um grilo*
a caterpillar   *uma lagarta*
a dragonfly   *uma libélula*
a bug   *um percevejo*
a ladybird   *uma joaninha*
a flea   *uma pulga*
a louse   *um piolho*
lice   *piolhos*
a tick   *um carrapato*

* * *

wild   *selvagem*
tame   *manso*
carnivorous   *carnívoro*
herbivorous   *herbívoro*
fierce, ferocious   *feroz*
harmless, inoffensive   *inofensivo*
treacherous   *traiçoeiro*
free   *livre*
useful   *útil*
noxious   *nocivo*
timorous, shy   *tímido*
fearless   *destemido*
hairy   *peludo*
heavy   *pesado*
swift   *ágil*

cunning   *esperto*

venomous, poisonous   *peçonhento, venenoso*

* * *

to stalk   *caçar a espreita*

to prey   *rapinar*

to run   *correr*

to jump   *pular*

to fly   *voar*

to swim   *nadar*

to crawl   *rastejar*

to devour, to eat up   *devorar*

to feed   *alimentar*

to lurk   *espreitar*

to burrow   *entocar-se*

to lure   *engodar*

to bite   *morder*

to sting   *picar, ferroar*

to scratch   *unhar*

to roar   *rugir*

to howl   *uivar*

to warble   *gorjear*

AT WORK
NO TRABALHO

At School   Na Escola

a school   *uma escola*
a nursery school   *um jardim de infância*
a primary school   *uma escola primária*
a high school   *uma escola secundária*
a day school   *um externato*
a boarding school   *um internato*
a teacher   *um professor*
a pupil   *um aluno*
the classroom   *a sala de aula*
the blackboard   *a lousa*
a piece of chalk   *um giz*
the duster   *o pano*
the sponge   *a esponja*
the desk   *a escrivaninha*
the table   *a mesa*
a chair   *uma cadeira*
a lesson   *uma lição*
a question   *uma pergunta*
an answer   *uma resposta*
an opinion   *uma opinião*
an exercise   *um exercício*
an example   *um exemplo*
a problem   *um problema*
the meaning   *o sentido*
the solution   *a solução*
a contradiction   *uma contradição*
a conclusion   *uma conclusão*
a dictation   *um ditado*

the punctuation   *a pontuação*
a period   *um ponto*
a comma   *uma vírgula*
a question mark   *um ponto de interrogação*
a mistake   *um erro*
a test   *uma prova*
an examination, an exam   *um exame*
a grade, a mark   *uma nota*

* * *
easy   *fácil*
hard, difficult   *difícil*
good   *bom*
bad   *ruim*
lazy   *preguiçoso*
hard-working   *trabalhador*
absent-minded   *distraído*
intelligent   *inteligente*
stupid   *estúpido*
understandable   *compreensível*
unintelligible   *ininteligível*
restless   *agitado*
quiet   *tranqüilo*
obedient   *obediente*
disobedient   *desobediente*
talkative   *falador*

* * *
to understand   *entender*
to learn   *aprender*
to know   *saber*
to forget   *esquecer*
to study   *estudar*
to mean   *significar*
to conclude   *concluir*

to comment   *comentar*
to ask   *perguntar*
to answer   *responder*
to sum up   *resumir*
to resume   *retomar, recomeçar*
to speak, to talk   *falar*
to listen   *escutar*
to write   *escrever*
to copy   *copiar*
to repeat   *repetir*

Numbers   *Números*

one   *um*
two   *dois*
three   *três*
four   *quatro*
five   *cinco*
six   *seis*
seven   *sete*
eight   *oito*
nine   *nove*
ten   *dez*
eleven   *onze*
twelve   *doze*
thirteen   *treze*
fourteen   *catorze*
fifteen   *quinze*
sixteen   *dezesseis*
seventeen   *dezessete*
eighteen   *dezoito*
nineteen   *dezenove*
twenty   *vinte*
twenty-one   *vinte e um*

twenty-nine   *vinte e nove*
thirty   *trinta*
forty   *quarenta*
fifty   *cinqüenta*
sixty   *sessenta*
seventy   *setenta*
eighty   *oitenta*
ninety   *noventa*
one hundred   *cem*
one hundred and one   *cento e um*
two hundred   *duzentos*
two hundred and one   *duzentos e um*
three hundred   *trezentos*
four hundred   *quatrocentos*
five hundred   *quinhentos*
six hundred   *seiscentos*
seven hundred   *setecentos*
eight hundred   *oitocentos*
nine hundred   *novecentos*
one thousand   *mil*
two thousand   *dois mil*
one thousand and one   *mil e um*
one thousand one hundred   *mil e cem*
a million   *um milhão*
a billion   *um bilhão*
the first   *o primeiro*
the second   *o segundo*
the third   *o terceiro*
the fourth   *o quarto*
the fifth   *o quinto*
the sixth   *o sexto*
the seventh   *o sétimo*
the eighth   *o oitavo*

the ninth   *o nono*
the tenth   *o décimo*
the eleventh   *o décimo-primeiro*
the twelfth   *o décimo-segundo*
the thirteenth   *o décimo-terceiro*
the twentieth   *o vigésimo*
the thirtieth   *o trigésimo*
the hundredth   *o centésimo*

* * *

to count   *contar*
to add   *adicionar*
to subtract   *subtrair*
to multiply   *multiplicar*
to divide   *dividir*

Business   Negócios

an office   *um escritório*
a factory   *uma fábrica*
a company   *uma companhia*
a firm   *uma firma*
a clerk   *um empregado*
the boss   *o patrão*
an entrepreneur, businessman
   um empresário
a receptionist   *uma recepcionista*
a worker   *um trabalhador*
a foreman   *um capataz*
a secretary   *uma secretária*
a manager   *um gerente*
an accountant   *um contador*
an executive   *um executivo*
an engineer   *um engenheiro*
a lawyer   *um advogado*

a broker   *um corretor*

a bill   *uma nota fiscal*

a typewriter   *uma máquina de escrever*

a telex   *um telex*

a computer   *um computador*

an answering machine   *uma secretária eletrônica*

a telephone   *um telefone*

the sale   *a venda*

a buyer   *um comprador*

a salesman   *um vendedor*

a product   *um produto*

an order   *um pedido*

the delivery   *a entrega*

the delivery man   *o entregador*

a receipt   *um recibo*

the budget   *o orçamento*

the income   *a renda*

the expenses   *as despesas*

the profit   *o lucro*

the loss   *a perda*

the recession   *a recessão*

a debt   *uma dívida*

an installment   *uma prestação*

an account   *uma conta*

the wages, the salary   *o salário*

a rise   *um aumento*

the union   *o sindicato*

the union member   *o sindicalista*

the strike   *a greve*

unemployment   *o desemprego*

retirement   *a aposentadoria*

the taxes   *os impostos*

the interest rate   *a taxa de juro*
a loan   *um empréstimo*
a credit, a trust   *um crédito*
a profession, a trade   *uma profissão*
a job   *um trabalho*

* * *

full-time   *tempo integral*
part-time   *tempo parcial*
lucrative, profitable   *lucrativo*
gross   *bruto*
net   *líquido*
efficient   *eficiente*
obsolete   *obsoleto*
powerful   *poderoso*
weak   *fraco*
tough   *duro*
easy   *fácil*
dangerous   *perigoso*
safe   *seguro*
risky   *arriscado*
skillful   *hábil*
clumsy   *desajeitado*

* * *

to work   *trabalhar*
to earn money   *ganhar dinheiro*
to train   *instruir, formar*
to undertake   *empreender*
to manage   *dirigir*
to create   *criar*
to grow   *crescer*
to invest   *investir*
to take a loan   *fazer um empréstimo*
to loan   *emprestar*

to borrow   *tomar emprestado*
to lose   *perder*
to hire   *contratar*
to promote   *promover*
to resign   *demitir-se*
to dismiss, to fire   *demitir*
to go on strike   *fazer greve*
to save   *poupar*
to go bankrupt   *falir*

THE MEDIA
A MÍDIA

the news   *as notícias*
the press   *a imprensa*
the radio   *o rádio*
the television   *a televisão*
a newspaper   *um jornal*
a magazine   *uma revista*
a press-agency   *uma agência de notícias*
a TV-channel   *um canal de televisão*
the headlines   *as manchetes*
an article   *um artigo*
an interview   *uma entrevista*
a picture   *uma fotografia*
a report   *uma reportagem*
a scoop   *um furo*
an editorial   *um editorial*
a review   *uma crítica*
the comic strips   *os desenhos*
the classified ads   *os anúncios*
the advertisement   *a propaganda*
a section   *uma seção*
a page   *uma página*
the front page   *a primeira página*
a column   *uma coluna*
a subscription   *uma assinatura*
a journalist   *um jornalista*
a reporter   *um repórter*
a photographer   *um fotógrafo*
an editor   *um editor*
a show   *um programa*

a soap opera   *uma novela*
a serial   *um seriado*
a commercial   *um comercial*
a TV set   *uma televisão, um aparelho de TV*
cable-TV   *televisão a cabo*
an aerial   *uma antena*
a radio   *um rádio*
a producer   *um produtor*
the director   *o diretor*
the speaker   *o locutor*
a presenter   *um apresentador*
a star   *uma estrela*

* * *

live   *ao vivo*
recorded   *gravado*
reliable   *confiável*
accurate   *fiel*
true   *verdadeiro*
false   *falso*
serious   *sério*
deceptive   *enganador*
boring   *chato*
difficult   *difícil*
entertaining   *divertido*
unbelievable   *inacreditável*
critical   *crítico*
funny   *engraçado*

* * *

to watch   *olhar*
to listen   *escutar*
to read   *ler*
to write   *escrever*
to believe   *acreditar*

to comment   *comentar*
to criticize   *criticar*
to research   *pesquisar*
to investigate   *investigar*
to interview   *entrevistar*
to publish   *publicar*
to subscribe   *fazer assinatura*
    (de jornal, revista, TV a cabo, etc.)
to print   *imprimir*
to communicate   *comunicar*
to broadcast   *transmitir (rádio, TV)*
to turn on   *ligar*
to turn off   *desligar*

POLITICS
POLÍTICA

the country   *o país*
the state   *o estado*
a society   *uma sociedade*
the government   *o governo*
the constitution   *a constituição*
a democracy   *uma democracia*
a dictatorship   *uma ditadura*
a republic   *uma república*
a monarchy   *uma monarquia*
an empire   *um império*
the president   *o presidente*
the king   *o rei*
the queen   *a rainha*
a dictator   *um ditador*
an emperor   *um imperador*
a minister   *um ministro*
a party   *um partido*
a congressman   *um deputado*
a senator   *um senador*
the congress   *o congresso*
a minority   *uma minoria*
a majority   *uma maioria*
the senate   *o senado*
the parliament   *o parlamento*
a leader   *um líder*
a statesman   *um estadista*
a spokesman   *um porta-voz*
a politician   *um político*
trust, confidence   *a confiança*

a law   *uma lei*
an election   *uma eleição*
an elector   *um eleitor*
the constituency   *o eleitorado*
a citizen   *um cidadão*
a candidate   *um candidato*
a speech   *um discurso*
the left-wing   *a esquerda*
the right-wing   *a direita*
a ballot paper   *um boletim de voto*
a poll   *uma pesquisa de opinião*
power   *poder*
freedom   *liberdade*
equality   *igualdade*
inequality   *desigualdade*
oppression *opressão*
hatred   *ódio*
racism   *racismo*

* * *

extremist   *extremista*
tolerant   *tolerante*
moderate   *moderado*
conservative   *conservador*
democratic   *democrático*
demagogic   *demagógico*
honest   *honesto*
corrupt   *corrupto*
influential   *influente*
persuasive   *persuasivo*

* * *

to govern, to rule   *governar*
to elect   *eleger*
to run for   *candidatar-se*

to lose   *perder*
to win   *ganhar*
to overthrow   *derrubar, depor (o governo)*

CRIME AND PUNISHMENT
CRIME E CASTIGO

the police   *a polícia*
a policeman   *um policial*
the police station   *a delegacia*
the cell   *a cela*
the victim   *a vítima*
the violence   *a violência*
a criminal   *um criminoso*
a delinquent   *um delinqüente*
delinquency   *delinqüência*
a thief   *um ladrão*
a murderer   *um assassino*
a kidnapper   *um seqüestrador*
a hostage   *um refém*
a forger   *um falsário*
a fence   *um receptador*
a rapist   *um estuprador*
a dealer   *um traficante*
a drug addict   *um drogado*
a pimp   *um cafetão*
a robbery   *um roubo*
a theft   *um furto*
a murder   *um assassinato*
a kidnapping   *um seqüestro*
a rape   *um estupro*
a forgery   *uma falsificação*
a weapon   *uma arma*
the handcuffs   *as algemas*
a threat   *uma ameaça*

the evidence *a prova*
a clue *um indício*
a finger print *uma impressão digital*
an alibi *um álibi*
a trial *um julgamento*
justice *a justiça*
a tribunal, a court *um tribunal*
the judge *o juiz*
the lawyer *o advogado*
the prosecutor *o procurador*
the witness *a testemunha*
the accused *o acusado*
the verdict *o veredicto*
the sentence *a sentença*
the jail *a prisão*
the penitentiary *o presídio*
the convict *o presidiário*
the warden *o guarda*
the death penalty *a pena de morte*

* * *
ruthless *impiedoso*
cruel *cruel*
dangerous *perigoso*
threatening *ameaçador*
guilty *culpado*
innocent *inocente*

* * *
to rob, to steal *roubar, furtar*
to kill *matar*
to die *morrer*
to forge *falsificar*
to rape *estuprar*
to murder *assassinar*

to stab   *apunhalar*
to strangle   *estrangular*
to flee   *fugir*
to arrest   *prender*
to catch   *pegar*
to shoot   *atirar*
to resist   *resistir*
to investigate   *investigar*
to incriminate   *incriminar*
to confess   *confessar*
to prosecute   *processar*
to accuse   *acusar*
to defend   *defender*
to judge   *julgar*
to condemn   *condenar*
to acquit   *absolver*
to free, to release   *libertar*
to escape   *escapar*

WAR AND PEACE
GUERRA E PAZ

the war   *a guerra*
the enemy   *o inimigo*
an ally   *um aliado*
an army   *um exército*
the navy   *a marinha*
the air force   *a força aérea*
the flag   *a bandeira*
a soldier   *um soldado*
a sailor   *um marinheiro*
an aviator   *um aviador*
an officer   *um oficial*
a general   *um general*
a colonel   *um coronel*
a captain   *um capitão*
a lieutenant   *um tenente*
a sergeant   *um sargento*
a battle   *uma batalha*
the strategy   *a estratégia*
the offensive   *a ofensiva*
the defense   *a defesa*
a fight   *um combate*
the attack   *o ataque*
the raid   *a incursão*
a bombing   *um bombardeio*
an ambush   *uma emboscada*
a weapon   *uma arma*
a rifle   *um rifle*
a handgun   *uma pistola*
a machine gun   *uma metralhadora*

a bullet *uma bala*
a grenade *uma granada*
a mine *uma mina*
a cannon *um canhão*
a shell *um obus*
a rocket *um foguete*
a missile *um míssil*
a plane *um avião*
a fighter *um avião de combate*
a bomber *um bombardeiro*
a bomb *uma bomba*
an aircraft carrier *um porta-aviões*
a submarine *um submarino*
a warship *um navio de guerra*
a tank *um tanque*
a hero *um herói*
a medal *uma medalha*
a deserter *um desertor*
a traitor *um traidor*
a spy *um espião*
a prisoner *um preso*
a victory *uma vitória*
a defeat *uma derrota*
a retreat *uma retirada*
a cease-fire *um cessar-fogo*
a truce *uma trégua*
the surrender *a rendição*
a treaty *um tratado*
the peace *a paz*
the dead *os mortos*
the wounded *os feridos*
a survivor *um sobrevivente*
the destruction *a destruição*

the ruins   *as ruínas*

* * *

bloody   *sangrento*
violent   *violento*
deadly, lethal   *mortífero, letal*
inhumane   *desumano*
terrible   *terrível*
frightful, dreadful   *medonho*
unconditional   *incondicional*
courageous   *corajoso*
coward   *covarde*
weak   *fraco*
strong   *forte*
daring, bold   *ousado*

* * *

to fight   *combater*
to attack   *atacar*
to defend   *defender*
to resist   *resistir*
to shoot, to fire   *atirar*
to weaken   *enfraquecer*
to surround   *cercar*
to rout, to defeat   *derrotar*
to destroy   *destruir*
to sink   *afundar*
to massacre   *massacrar*
to crush   *esmagar*
to threaten   *ameaçar*
to win   *vencer*
to lose   *perder*
to surrender   *render-se*

EVERYDAY LIFE
O DIA A DIA

Home   *Casa*

a house   *uma casa*
a building   *um prédio*
an apartment, a flat   *um apartamento*
a slum   *um cortiço*
a shanty town   *uma favela*
the roof   *o telhado*
a tile   *uma telha*
an aerial   *uma antena*
a chimney   *uma chaminé*
a slate   *uma ardósia*
a wall   *uma parede*
a brick   *um tijolo*
cement   *cimento*
a block   *um bloco*
concrete   *concreto*
stone   *pedra*
a window   *uma janela*
a balcony   *uma sacada*
a window pane   *um vidro de janela*
glass   *vidro*
a shutter   *uma veneziana*
the front   *a fachada*
the threshold   *a soleira*
the landing   *o patamar*
a door   *uma porta*
a bolt   *um ferrolho*
a lock   *uma fechadura*
a key   *uma chave*

the bell   *a campainha*
the entrance   *a entrada*
the exit   *a saída*
the stairs   *a escada*
the banister   *o corrimão*
a step   *um degrau*
a hall   *um vestíbulo*
a corridor   *um corredor*
the living-room   *a sala*
the drawing-room   *a sala de visitas*
the dining-room   *a sala de jantar*
a room   *um quarto*
the study   *o escritório*
a bathroom   *um banheiro*
the kitchen   *a cozinha*
the cellar, the basement   *o porão*
the garret, the attic   *o sótão*
the ground floor   *o térreo*
the garage   *a garagem*
a floor   *um andar*
the ceiling   *o teto*
the floor   *o chão*
the landlord   *o proprietário*
the tenant   *o inquilino*
the janitor   *o zelador*
the maid   *a empregada*

* * *

huge   *enorme*
minuscule, small   *minúsculo*
roomy   *espaçoso*
cramped   *apertado*
dark   *escuro*
light   *claro*

smart *chique*

* * *

to buy *comprar*
to sell *vender*
to rent *alugar*
to move *mudar-se*

Furniture and Appliances
Móveis e Acessórios

the furniture *os móveis*
an armchair *uma poltrona*
a sofa *um sofá*
a cushion *uma almofada*
a couch *um sofá, um divã*
a chair *uma cadeira*
a rocking-chair *uma cadeira de balanço*
a stool *um banquinho*
a table *uma mesa*
a coffee table *uma mesa de centro*
a shelf *uma prateleira*
a bookcase *uma estante*
a carpet *um tapete*
the wallpaper *o papel de parede*
a fireplace *uma lareira*
a lampshade *um quebra-luz*
the light *a luz*
a chandelier *um lustre*
a light bulb *uma lâmpada elétrica*
a lamp *uma luminária*
a switch *um interruptor*
a plug *uma tomada*
a curtain *uma cortina*
a window blind *uma persiana*

a sideboard *um aparador*
a closet, a cupboard *um armário*
a mirror *um espelho*
a chest of drawers *uma cômoda*
a drawer *uma gaveta*
a bed *uma cama*
a cradle *um berço*
a bedside table *um criado-mudo*
a refrigerator *um refrigerador*
a range, a cooker *um fogão*
the hot plate *a chapa*
an oven *um forno*
the suction fan *o exaustor*
a washing machine *uma máquina de lavar*
a dishwasher *um lava-louça*
the mixer *a batedeira*
the pressing iron *o ferro de passar*
the wall cabinet *os armários de parede*
a sink *uma pia*
a tap, a faucet *uma torneira*
the drainboard *o secador*
a frying pan *uma frigideira*
a pan *uma panela*
a pot *um pote*
a roasting dish *uma assadeira*
a kettle *uma chaleira*
a coffee maker *uma máquina de fazer café*
a coffee pot *uma cafeteira*
a chopping board *uma tábua*
a grater *um ralador*
a mug *uma caneca*
a scoop *uma concha*
a spatula *uma espátula*

a mincer   *um moedor*
a colander   *um coador*
a meat tenderer   *um martelo*
a rolling pin   *um rolo*
a chopping knife   *um cutelo*
a garbage can, a dustbin   *uma lixeira*
a bathtub   *uma banheira*
a shower   *um chuveiro*
a washstand   *um lavatório*
the toilet   *a privada*
the seat   *o assento*
the seat cover   *a tampa*
the toilet bowl   *a bacia sanitária*
the toilet paper   *o papel higiênico*
the flush   *a descarga*
the heating   *o aquecimento*
the air-conditioning   *a ar condicionado*
the plumbing   *o encanamento*

* * *

comfortable   *confortável*
upholstered   *estofado*
electrical   *elétrico*
warm, hot   *quente*
airy   *arejado*
clean   *limpo*
dirty   *sujo*
dusty   *empoeirado*
obstructed, clogged   *entupido*

* * *

to furnish   *mobiliar*
to decorate   *decorar*
to clean   *limpar*
to cook   *cozinhar*

Family and Friends
Família e Amigos

the father   *o pai*
the mother   *a mãe*
the husband   *o marido*
the wife   *a mulher*
the son   *o filho*
the daughter   *a filha*
the children   *os filhos*
the grandfather   *o avô*
the grandmother   *a avó*
the grandson   *o neto*
the granddaughter   *a neta*
the aunt   *a tia*
the uncle   *o tio*
the sister   *a irmã*
the brother   *o irmão*
the nephew   *o sobrinho*
the niece   *a sobrinha*
the father-in-law   *o sogro*
the mother-in-law   *a sogra*
the son-in-law   *o genro*
the daughter-in-law   *a nora*
the stepmother   *a madrasta*
the stepfather   *o padrasto*
a relative   *um parente*
a friend   *um amigo*
a boyfriend   *um namorado*
a girlfriend   *uma namorada*
a lover   *um amante*
an affair   *um caso*
the engagement   *o noivado*
the marriage   *o casamento (instituição)*

the wedding   *o casamento (cerimônia)*
the bride   *a noiva*
the bridegroom   *o noivo*
the best man   *o padrinho*
a bachelor   *um solteiro*
a spinster   *uma solteirona*
a widow   *uma viúva*
a widower   *um viúvo*
the pregnancy   *a gravidez*
the birth   *o nascimento*
the godfather   *o padrinho*
a baby   *um nenê*
a child   *uma criança*
a kid   *um guri*
a boy   *um garoto*
a girl   *uma garota*
an adolescent, a teenager   *um adolescente*
an adult   *um adulto*
an oldster   *um velho*
a life   *uma vida*
death   *morte*

* * *

happy   *feliz*
unhappy   *infeliz*
dear   *querido*
spoilt   *mimado*
rigid, strict, severe   *rígido*
kind   *bondoso*
well-bred   *educado*
wicked, bad   *maldoso*
stubborn   *cabeçudo*
obedient   *obediente*
disobedient   *desobediente*

in love   *apaixonado*
sad   *triste*
friendly   *amigável*
faithful   *fiel*

* * *

to be born   *nascer*
to raise   *criar*
to love   *amar*
to kiss   *beijar*
to hug   *abraçar*
to grow up   *crescer*
to spoil   *mimar*
to scold   *repreender*
to cry   *chorar*
to laugh   *rir*
to marry   *casar*
to divorce   *divorciar*
to fight   *brigar*
to cheat, to be unfaithful   *enganar*
to die   *morrer*

LEISURE
LAZER

Parties   *Festas*

a birthday   *um aniversário*
Christmas   *Natal*
a wedding   *um casamento*
the baptism, the christening   *o batismo*
a holiday   *um feriado*
a ceremony   *uma cerimônia*
a guest   *um convidado*
a gift   *um presente*
a cake   *um bolo*
a chat   *um papo*
a conversation   *uma conversação*
an argument   *uma discussão*
an opinion   *uma opinião*
a gossip   *uma fofoca*
a joke   *uma brincadeira*
a ball   *um baile*
a dance   *uma dança*
a flirt   *um flerte*
* * *
delightful   *delicioso*
lively   *animado*
noisy   *barulhento*
formal   *formal*
boring   *enfadonho*
talkative   *falador*
enjoyable, entertaining   *divertido*
* * *
to invite   *convidar*

to celebrate *celebrar*
to introduce *apresentar*
to gather *reunir-se*
to entertain *festejar*
to gossip *fofocar*
to joke *gracejar*
to sing *cantar*
to dance *dançar*
to play *brincar*
to talk *falar*
to eat *comer*

Sports and Games
Esportes e Jogos

a sport *um esporte*
a game *um jogo*
a match, a game *uma partida*
a sportsman *um desportista*
the referee *o árbitro*
a player *um jogador*
an athlete *um atleta*
a coach *um treinador*
the training *o treinamento*
a champion *um campeão*
a team *uma equipe, um time*
a partner *um parceiro*
a supporter *um torcedor*
a victory *uma vitória*
a defeat *uma derrota*
a draw *um empate*
a record *um recorde*
a medal *uma medalha*
a loser *um perdedor*

a winner   *um vencedor*
the championship   *o campeonato*
the tournament   *o torneio*
the season   *a temporada*
the goal   *o gol*
the goalkeeper   *o goleiro*
the ball   *a bola*
the stadium   *o estádio*
the field   *o campo*
a gymnasium   *um ginásio*
a springboard   *um trampolim*
a ring   *uma argola*
a weight   *um peso*
a dumbbell   *um haltere*
the parallel bars   *as paralelas*
the horizontal bar   *a barra fixa*
a rope   *uma corda*
a court   *uma quadra*
a track   *uma pista*
a ring   *um ringue*
a net   *uma rede*
a racket   *uma raquete*
the service   *o serviço*
soccer   *o futebol*
tennis   *o tênis*
volleyball   *vôlei*
basketball   *basquete*
golf   *golfe*
squash *squash*
swimming   *natação*
athletics   *atletismo*
gymnastics   *ginástica*
boxing   *boxe*

cycling   *ciclismo*
racing   *corridas*
a race   *uma corrida*
a jump   *um salto*
the playground   *o playground*
the seesaw   *a gangorra*
the swing   *o balanço*
the carrousel, merry-go-round   *o carrossel*
the toboggan   *o tobogã*
the sand   *a areia*
the shovel   *a pá*
the rake   *o ancinho*
the bucket   *o balde*
the spade   *a pá de cavar*
the mould   *a forma*
a wheel barrow   *um carrinho de mão*
a bench   *um banco*
a pool   *uma piscina*
checkers, draughts   *jogo de damas*
the queen   *a dama*
chess   *xadrez*
the king   *o rei*
the queen   *a rainha, a dama*
the castle   *a torre*
the bishop   *o bispo*
the knight   *o cavalo*
the pawn   *o peão*
the chessboard, the checkerboard   *o tabuleiro*
cards   *cartas*
the jack, the knave   *o valete*
the ace   *o ás*
diamonds   *ouros*
hearts   *copas*

clubs   *paus*
spades   *espadas*
the crossword   *as palavras cruzadas*
a pun   *um trocadilho*
a riddle   *uma charada*
a puzzle   *um quebra-cabeça*
the dice   *os dados*

* * *

quick   *rápido*
fast   *veloz*
strong   *forte*
vigorous   *vigoroso*
out of shape   *fora de forma*
tired   *cansado*
easy   *fácil*
difficult   *difícil*
unbeaten   *invicto*
violent   *violento*
exciting   *excitante, emocionante*
injured   *ferido*
exhausted   *esgotado*
tough, hard   *duro*
lucky   *afortunado*

* * *

to run   *correr*
to jump   *saltar*
to catch   *pegar*
to pull   *puxar*
to push   *empurrar*
to throw   *jogar, lançar*
to strike   *bater*
to play   *jogar*
to fall   *cair*

to compete *competir*
to challenge *desafiar*
to dominate *dominar*
to score *marcar pontos*
to win *vencer*
to lose *perder*
to hoot *vaiar*
to cheer *aclamar*
to draw *empatar*
to train *treinar*
to practice *praticar*

HEALTH
SAÚDE

Body *Corpo*

the head *a cabeça*
the brain *o cérebro*
the hair *o cabelo*
a curl *um cacho*
a lock *uma mecha*
the parting *a risca*
the bun *o coque*
a pony tail *um rabicho*
a braid *uma trança*
the beard *a barba*
a moustache *um bigode*
an ear *uma orelha*
the forehead *a testa*
an eye *um olho*
the eyes *os olhos*
the eyebrow *a sobrancelha*
the eyelash *o cílio*
the eyelid *a pálpebra*
the pupil *a pupila*
the iris *a íris*
the nose *o nariz*
the nostril *a narina*
the mouth *a boca*
the lip *o lábio*
a tooth *um dente*
the teeth *os dentes*
the gum *a gengiva*
the tongue *a língua*

the palate   *o palato (céu da boca)*
the cheek   *a bochecha*
the chin   *o queixo*
the jaw   *o maxilar, a mandíbula*
the face   *o rosto*
the complexion   *a tez*
a scar   *uma cicatriz*
a pimple   *uma espinha*
a dimple   *uma covinha*
a wrinkle   *uma ruga*
a feature   *um traço*
the neck   *o pescoço*
the throat   *a garganta*
Adam's apple   *o pomo de Adão*
the nape of the neck   *a nuca*
the trunk   *o tronco*
the shoulders   *os ombros*
the armpit   *a axila*
the chest   *o peito, o tórax*
the bosom, the breast   *o seio*
the nipple   *o mamilo*
the back   *as costas*
the backbone   *a coluna*
a rib   *uma costela*
the belly   *a barriga*
the navel   *o umbigo*
the bottom   *o traseiro*
a buttock   *uma nádega*
the waist   *a cintura*
the hip   *o quadril*
the groin   *a virilha*
an arm   *um braço*
the elbow   *o cotovelo*

the forearm   *o antebraço*
the wrist   *o pulso*
the hand   *a mão*
the palm   *a palma*
the finger   *o dedo*
the thumb   *o polegar*
the knuckle, the joint   *a articulação*
a bone   *um osso*
the nail   *a unha*
the fist   *o punho*
the leg   *a perna*
the thigh   *a coxa*
the knee   *o joelho*
the hollow of the knee   *o jarrete*
the kneecap   *a rótula*
the calf   *a barriga da perna*
the shin   *a canela*
the ankle   *o tornozelo*
the foot   *o pé*
the toe   *o dedo do pé*
the feet   *os pés*
the heel   *o calcanhar*
the sole   *a planta do pé*
the heart   *o coração*
the lungs   *os pulmões*
the liver   *o fígado*
the kidney   *o rim*
the stomach   *o estômago*
the bowel   *o intestino*
the skin   *a pele*
the flesh   *a carne*
a muscle   *um músculo*
a vein   *uma veia*

an artery   *uma artéria*
the blood   *o sangue*
a nerve   *um nervo*

* * *

blond   *loiro*
brown   *moreno*
auburn   *ruivo*
curly   *cacheado*
bald   *careca*
hairy   *cabeludo*
wrinkled   *enrugado*
smooth   *liso*
tall   *alto*
small   *baixo*
sinewy, sturdy   *musculoso*
slender   *esbelto*
strong   *forte*
weak   *fraco*
fat   *gordo*
thin   *magro*
stiff   *teso*
flexible   *flexível*
ugly   *feio*
beautiful   *bonito*

* * *

to breathe   *respirar*
to beat   *bater*
to grow   *crescer*
to swallow   *engolir*
to digest   *digerir*

Illness   Doença

a doctor   *um médico*

a surgeon   *um cirurgião*
a dentist   *um dentista*
an appointment   *uma consulta*
a specialist   *um especialista*
a patient   *um paciente*
a nurse   *uma enfermeira*
a disease, an illness   *uma doença*
the pain, the ache   *a dor*
a chill, cold   *um resfriado*
a flu   *uma gripe*
a fever   *uma febre*
a fit, convulsion   *uma convulsão*
a nausea   *uma náusea*
an infection   *uma infecção*
a cut   *um corte*
a burn   *uma queimadura*
an inflammation   *uma inflamação*
a fracture   *uma fratura*
a wound   *uma ferida*
a scratch   *um arranhão*
a sprain   *uma torção*
an irritation, a rash   *uma irritação*
a germ   *um micróbio*
a virus   *um vírus*
an epidemic   *uma epidemia*
a cough   *uma tosse*
a bruise   *um hematoma*
a poisoning   *um envenenamento*
the constipation   *a prisão de ventre*
the insomnia   *a insônia*
a cramp   *uma cãibra*
cancer *câncer*
a transplant   *um transplante*

contraception   *contracepção*
abortion   *aborto*
an operation   *uma operação*
an injection   *uma injeção*
a vaccine   *uma vacina*
a tooth decay   *uma cárie*
a filling   *uma obturação*
the drill   *a broca*
a denture   *uma dentadura*
an extraction   *uma extração*
the prescription   *a prescrição, a receita*
a medicine, a drug   *um remédio*
the healing, the cure   *a cura*
the recovery   *a recuperação*
a stretcher   *uma maca*
a wheelchair   *uma cadeira de rodas*
the hospital   *o hospital*
an insurance   *um seguro*

* * *

sick, ill   *doente*
healthy   *saudável*
catching, contagious   *contagioso*
incurable   *incurável*
curable   *curável*
serious   *grave*
benign, mild   *benigno*
deadly   *mortal*
tiring   *cansativo*
exhausted   *esgotado*
false   *postiço*

* * *

to improve, to get better   *melhorar*
to change for the worse   *piorar*

to heal, to recover   *sarar*
to throw up   *vomitar*
to faint   *desmaiar*
to cough   *tossir*
to sneeze   *espirrar*
to sniff   *fungar*
to ache, to hurt   *doer*
to extract   *tirar, extrair*
to operate   *operar*
to examine   *examinar*
to treat   *tratar*
to take care   *cuidar*
to feel   *sentir*

Accidents and Death
Acidentes e Morte

an accident, a crash   *um acidente,*
    um desastre
a catastrophe   *uma catástrofe*
an explosion   *uma explosão*
a fire   *um incêndio*
the flame   *a chama*
a drowning   *um afogamento*
a collapse   *um desmoronamento*
an inundation   *uma inundação*
an earthquake   *um terremoto*
a cyclone   *um ciclone*
a storm   *uma tempestade*
the homeless   *os desabrigados*
a survivor   *um sobrevivente*
a victim   *uma vítima*
the rescue   *o salvamento*
the rescuer   *o salvador*

a lifeguard *um salva-vidas*
a fireman *um bombeiro*
the ruins, remains *as ruínas*
the wreckage *os destroços, os escombros*
a corpse *um cadáver*
a skeleton *um esqueleto*
a tomb *um túmulo*
a coffin *um caixão*
a cemetery *um cemitério*

* * *

accidental *acidental*
catastrophic *catastrófico*
explosive *explosível*
violent *violento*
unpredictable *imprevisível*
tragic *trágico*
disastrous *desastroso*

* * *

to explode *explodir*
to collapse *desmoronar*
to inundate *inundar*
to save, to rescue *salvar*
to burn *queimar*
to destroy *destruir*
to crash *colidir*
to wreck *destroçar*

Senses *Sentidos*

the sight *a visão*
the light *a luz*
the darkness *a escuridão*
the shadow, the shade *a sombra*
dazzling *ofuscante*

the brightness   *o brilho*
the contrast   *o contraste*
the colors   *as cores*
black   *preto*
white   *branco*
blue   *azul*
red   *vermelho*
green   *verde*
yellow   *amarelo*
brown   *marrom*
grey   *cinza*
purple, violet   *roxo*
shortsightedness, myopia   *miopia*
farsightedness   *a presbiopia*
blindness   *cegueira*
color-blindness   *daltonismo*
the glasses   *os óculos*
a contact lens   *uma lente de contato*
hearing   *audição*
silence   *silêncio*
a noise   *um barulho*
a sound   *um som*
the rustle   *o farfalhar*
the rippling, a whisper   *o sussurro,*
    um murmúrio
an outcry   *uma algazarra*
a scream   *um grito*
a whistle   *um assobio*
a roaring, a rumble   *um estrondo*
deafness   *surdez*
dumbness   *mudez*
touch   *tato*
a caress   *uma carícia*

a push, a shove   *um empurrão*
a handshake   *um aperto de mão*
a hug   *um abraço*
a blow, a stroke   *um golpe*
a slap   *uma bofetada*
a pat   *uma tapinha*
smell   *olfato*
a perfume, a fragrance   *um perfume*
a smell, a scent, an odor   *um cheiro*
a stink, a stench, a reek   *um fedor*
taste   *gosto*
a flavor   *um sabor*
a delight   *uma delícia*
bitterness   *amargor*
sweetness   *doçura*
insipidity   *insipidez*
sourness   *gosto azedo*
★ ★ ★
bright, light   *luminoso*
dark   *escuro*
shining   *brilhante*
blind   *cego*
one-eyed   *caolho*
visible   *visível*
invisible   *invisível*
deaf   *surdo*
dumb   *mudo*
loud   *alto*
low   *baixo*
silent   *silencioso*
deafening   *ensurdecedor*
noisy   *barulhento*
audible   *audível*

inaudible   *inaudível*
stinking, smelly   *fedorento*
perfumed   *perfumado*
odorous, fragrant   *cheiroso*
soft   *macio*
harsh, rough   *áspero*
smooth   *liso*
hard   *duro*
cold   *frio*
warm   *quente*
tasty, savory, palatable   *saboroso*
sweet   *doce*
bitter   *amargo*
salty   *salgado*
spicy   *apimentado*
sour   *azedo*
delicious   *delicioso*

* * *

to see   *ver*
to look at, to watch   *olhar*
to stare   *fitar*
to flash   *piscar*
to shine, to glitter   *brilhar*
to twinkle   *cintilar*
to discern, to see   *enxergar*
to hear   *ouvir*
to listen   *escutar*
to yell, to scream   *gritar*
to shout   *berrar*
to thunder   *trovejar*
to whistle   *assobiar*
to touch   *tocar*
to stroke   *acariciar*

to squeeze   *apertar*
to grasp   *agarrar*
to strike   *golpear, bater*
to smell   *cheirar*
to stink   *feder*
to taste   *saborear*
to salt   *salgar*
to season   *temperar*
to sweeten   *adoçar*
to sour   *azedar*
to embitter   *amargar*

Heart and Mind
Coração e Mente

a feeling   *um sentimento*
love   *amor*
tenderness   *ternura*
compassion, pity   *compaixão*
goodness   *bondade*
wickedness   *maldade*
hatred   *ódio*
jealousy *ciúme*
envy   *inveja*
pride   *orgulho*
vanity *vaidade*
will   *vontade*
wisdom   *sabedoria*
madness, rage, anger   *raiva*
serenity   *serenidade*
wit, spirit   *espírito*
intelligence *inteligência*
imagination   *imaginação*
stupidity   *estupidez*

egoism *egoísmo*
generosity *generosidade*
a quality *uma qualidade*
a fault *um defeito*
intolerance *intolerância*
courage *coragem*
meanness *mesquinharia*
hypocrisy *hipocrisia*
loyalty *lealdade*
sensibility *sensibilidade*
enthusiasm *entusiasmo*
happiness *felicidade*
sadness *tristeza*
despair *desespero*
contempt *desprezo*
friendship *amizade*
enmity *inimizade*
optimism *otimismo*
pessimism *pessimismo*
anguish, anxiety *angústia*
fear *medo*

* * *

loved *amado*
tender *terno*
good *bom*
wicked, bad *mau*
odious, hateful *odioso*
jealous *ciumento*
proud *orgulhoso*
vain *vaidoso*
wise *sábio*
mad, angry *raivoso*
witty *espirituoso*

clever   *inteligente*
fanciful   *imaginativo*
stupid, silly   *estúpido*
selfish   *egoísta*
generous   *generoso*
intolerant   *intolerante*
courageous   *corajoso*
mean   *mesquinho*
hypocritical   *hipócrita*
loyal   *leal*
sensitive   *sensível*
enthusiastic   *entusiasta*
happy   *feliz*
sad   *triste*
desperate   *desesperado*
contemptible   *desprezível*
friendly   *amigável*
inimical   *inimigo*
optimist   *otimista*
pessimist   *pessimista*
afflicted   *angustiado*
afraid   *amedrontado*

* * *

to love   *amar*
to like   *gostar*
to hate   *odiar*
to feel   *sentir*
to fear   *temer*
to wish   *desejar*
to trust   *confiar*
to lie   *mentir*
to deceive   *enganar*
to scare   *amedrontar*

USEFUL WORDS
PALAVRAS ÚTEIS

yes   *sim*
no   *não*
maybe, perhaps   *talvez*
why?   *por que?*
because   *porque*
how much   *quanto*
how many   *quantos*
since   *desde*
very much, a lot   *muito*
many   *muitos*
a little   *pouco*
more   *mais*
enough   *bastante*
when   *quando*
before   *antes*
after   *depois*
at once   *já*
never   *nunca*
always   *sempre*
often   *muitas vezes*
now   *agora*
between   *entre*
behind   *detrás*
below   *debaixo*
under   *sob*
above, over   *por cima*
beside   *ao lado*
across, through   *através*
close, near   *perto*

far   *longe*
up   *para cima*
down   *para baixo*
in front of   *diante de*
on   *sobre*
in   *em*
inside   *dentro*
outside   *fora*
here   *aqui*
there   *lá*
with   *com*
without   *sem*
until   *até*
more   *mais*
less   *menos*

* * *

thick   *grosso*
thin   *fino*
fat   *gordo*
thin, slim   *magro*
empty   *vazio*
full   *cheio*
heavy   *pesado*
light   *leve*
broad   *largo*
narrow   *estreito*
long   *comprido*
short   *curto*
high   *alto*
low   *baixo*
tall   *alto (estatura)*
small   *baixo (estatura)*
deep   *fundo*

shallow *raso*
open *aberto*
closed *fechado*
vertical *vertical*
horizontal *horizontal*
sharp *afiada*
dull *monótono, chato*
blunt *franco, direto*
engraved *entalhado*
embossed *em relevo*
pointed *pontudo*
smooth *liso*
rough *áspero*
steep *íngreme*
flat *plano*
early *cedo*
late *tarde*

* * *

good morning *bom dia*
good afternoon *boa tarde*
good evening *boa noite*
good night *boa noite (antes de dormir)*
please *por favor*
thank you *obrigado*
you are welcome *de nada*
excuse me *com licença*
sorry *desculpe*
good-bye *até logo*

Este livro foi composto na fonte Sauna e
impresso em outubro de 2009 pela Gráfica Yangraf,
sobre papel offset 90g/m².